As normas da fé são
observadas na Igreja Católica

Dados Internacionais de Catalogação na Publicação (CIP)
(Câmara Brasileira do Livro, SP, Brasil)

Sales, São Francisco de, 1567-1622
  As normas da fé são observadas na Igreja Católica / São Francisco de Sales ; tradução de Gentil Avelino Titton. – Petrópolis, RJ : Vozes, 2024.

  Título original: Les règles de la foi sont observèes dans L'Église Catholique
  ISBN 978-85-326-6805-9

  1. Cristianismo 2. Espiritualidade 3. Fé (Cristianismo)
  4. Igreja Católica – Doutrinas 5. Purgatório 6. Sacramentos – Igreja Católica I. Título.

23-186220   CDD-230.2

Índices para catálogo sistemático:
1. Igreja Católica : Doutrinas   230.2
Eliane de Freitas Leite – Bibliotecária – CRB 8/8415

São Francisco de Sales

As normas da fé são observadas na Igreja Católica

Tradução de
Gentil Avelino Titton

Petrópolis

Tradução do original em francês intitulado
Les règles de la foi sont observées dans l'église catholique

© desta tradução:
2024, Editora Vozes Ltda.
Rua Frei Luís, 100
25689-900 Petrópolis, RJ
www.vozes.com.br
Brasil

Todos os direitos reservados. Nenhuma parte desta obra poderá ser reproduzida ou transmitida por qualquer forma e/ou quaisquer meios (eletrônico ou mecânico, incluindo fotocópia e gravação) ou arquivada em qualquer sistema ou banco de dados sem permissão escrita da editora.

CONSELHO EDITORIAL

Diretor
Volney J. Berkenbrock

Editores
Aline dos Santos Carneiro
Edrian Josué Pasini
Marilac Loraine Oleniki
Welder Lancieri Marchini

Conselheiros
Elói Dionísio Piva
Francisco Morás
Gilberto Gonçalves Garcia
Ludovico Garmus
Teobaldo Heidemann

Secretário executivo
Leonardo A.R.T. dos Santos

PRODUÇÃO EDITORIAL

Aline L.R. de Barros
Marcelo Telles
Mirela de Oliveira
Otaviano Cunha
Rafael de Oliveira
Samuel Rezende
Vanessa Luz
Verônica M. Guedes

Conselho de projetos editoriais
Isabelle Theodora R.S. Martins
Luísa Ramos M. Lorenzi
Natália França
Priscilla A.F. Alves

Diagramação: Victor Mauricio Bello
Revisão gráfica: Fernando S. Olivetti da Rocha
Capa: Nathália Figueiredo

ISBN 978-85-326-6805-9

Este livro foi composto e impresso pela Editora Vozes Ltda.

∾ **Sumário** ∾

Prólogo, 7

CAPÍTULO I – OS SACRAMENTOS, 14

Artigo I
O nome sacramento, 15

Artigo II
A forma dos sacramentos, 17

Artigo III
A intenção requerida na administração dos sacramentos, 27

CAPÍTULO II – O PURGATÓRIO, 36

Prólogo, 37

Artigo I
O nome purgatório, 39

Artigo II
Os que negaram o purgatório e os meios para prová-lo, 42

Artigo III
Algumas passagens da Escritura nas quais se fala de purificação após esta vida e de um tempo e de um lugar para ela, 46

Artigo IV
Outra passagem do Novo Testamento a este propósito, 51

Artigo V
Alguns outros lugares pelos quais a oração, a esmola e as obras santas pelos falecidos são autorizadas, 57

Artigo VII
Alguns outros lugares dos quais por diversidade de consequências se deduz a verdade do purgatório, 74

Artigo VIII
Os concílios que receberam o purgatório como artigo de fé, 76

Artigo IX
Os antigos Pais, 79

Artigo X
Duas razões principais e o testemunho dos estranhos acerca do purgatório, 82

❧ **Prólogo** ☙

Estas duas faltas fundamentais às quais vossos ministros vos conduziram, a saber, de ter abandonado a Igreja e de ter violado todas as verdadeiras normas da religião cristã, vos tornam indesculpáveis, senhores: porque são tão grandes que não podeis desconhecê-las e são tão importantes que qualquer uma delas basta para vos fazer perder o verdadeiro cristianismo; porque nem a fé fora da Igreja nem a Igreja sem a fé vos poderiam salvar, do mesmo modo que o olho fora da cabeça ou a cabeça sem o olho não poderiam ver a luz. Quem quer que pretenda vos separar da união da Igreja deveria ser suspeito para vós, e quem desprezava tão claramente as santas normas da fé deve ser evitado e desprezado, seja qual for sua aparência e seja o que for que alegue.

Mas, vós me direis, eles garantiam categoricamente não dizer nada que não estivesse expresso na pura, simples e verdadeira Palavra de Deus. Ah! Meu Deus, como crestes tão levianamente? Nunca houve heresia que alegasse mais fora de propósito a Palavra de Deus do que esta, e que tirasse conclusões mais inconvenientes, principalmente nas principais disputas. Já pudestes observar isto acima nas duas primeiras partes deste memorial[1], mas desejo que o toqueis com o dedo, para que não vos reste nenhuma escusa. Não devíeis crer tão levianamente; se tivésseis estado bem atentos aos vossos interesses, teríeis percebido que não era a Palavra de Deus que eles apresentavam, mas suas próprias concepções, veladas com as palavras da Escritura, e teríeis compreendido muito bem que nunca um traje tão rico foi feito para cobrir um corpo tão feio como é esta heresia.

Mas suponhamos que nunca tivesse existido Igreja, nem concílio, nem pastores, nem doutores, desde os apóstolos, e que a Escritura só contivesse os livros que Calvino, Beza e Mártir se comprazem em reconhecer, que não existe norma infalível para compreendê-la corretamente, mas se encontra à mercê das concepções de qualquer um que queira sustentar que interpreta a Escritura pela Escritura e pela analogia da fé, como se quer entender Aristóteles por Aristóteles e pela analogia da filosofia; confessemos apenas que a Escritura é divina e eu sustentarei diante de todos os juízes imparciais que, se não todos, pelo menos aqueles dentre vós que tenham algum conhecimento e suficiência, são indesculpáveis e não poderão proteger sua religião da leviandade

---

1 As *Controvérsias* de São Francisco de Sales se dividem em três partes e este opúsculo é a parte III [N.T.].

e da temeridade. E é a isto que me limito. Os ministros só querem combater com a Escritura, eu também o quero; da Escritura eles só querem as partes que lhes agradam, eu também concordo com isso; depois de tudo isso, afirmo que a crença da Igreja Católica leva vantagem em tudo, porque tem mais passagens a seu favor do que a opinião contrária, e as que ela tem são mais claras, puras e simples, mais razoavelmente interpretadas, melhor conclusivas e apropriadas. Acredito que isto é tão certo que qualquer um poderia sabê-lo e conhecê-lo, mas demonstrá-lo detalhadamente seria tarefa interminável; bastará, em minha opinião, demonstrá-lo em alguns artigos principais.

É, portanto, o que pretendo fazer nesta Terceira Parte, na qual atacarei vossos ministros acerca dos sacramentos em geral e, em particular, os da Eucaristia, da Confissão e do Matrimônio, acerca da honra e invocação dos santos, acerca da conveniência das cerimônias em geral e depois, em particular, acerca do poder da Igreja, acerca do mérito das boas obras e da justificação, e acerca das indulgências. Nisto empregarei apenas a pura e simples Palavra de Deus, com a qual somente vos mostrarei vossa falta de maneira tão evidente que tereis ocasião de arrepender-vos. E, no entanto, vos suplico que, se me virdes combater, abater e por fim triunfar sobre o inimigo unicamente com a Escritura, vos represénteis então o grande e honorável séquito de mártires, pastores e doutores, que, por sua doutrina e ao preço de seu sangue, testemunharam que a doutrina pela qual combatemos agora era a doutrina santa, a doutrina pura, a doutrina apostólica, que será como uma coroa de vitória; porque, embora, no tocante unicamente à Escritura, nos encontrássemos em igualdade de condições com os nossos inimigos, a antiguidade, o consenso, a santidade de nossos autores nos fariam triunfar sempre. E nesta ocasião eu ajustarei sempre o sentido e a consequência que tirarei das Escrituras às normas que expus na Segunda Parte, embora meu propósito principal consista apenas em dar-vos a conhecer a presunção dos vossos ministros, que, não fazendo mais do que gritar: "A Santa Escritura! A Santa Escritura!", nada mais fazem do que violar as sentenças mais comprovadas. Na Assembleia dos Príncipes realizada em Espira em 1526[2], os ministros protestantes traziam na manga direita de suas vestes as seguintes letras: V. D. M. I. AE., com as quais queriam protestar: *Verbum Domini Manet In Aeternum*[3]. Não diríeis vós que são eles os que, sozinhos e sem companheiro, manuseiam a Sagrada Escritura? Na verdade, eles citam passagens dela, e a todo momento, "em público e em privado – diz

---

2 Cochlaeus.

3 1Pd 1,25.

o grande Vicente de Lérins – em seus discursos, em seus livros, nas ruas, nos banquetes. Lede os opúsculos de Paulo de Samósata, de Prisciliano, de Eunômio, de Joviniano e outras pestes; vereis um grande acúmulo de exemplos e dificilmente uma página maquiada e colorida com algumas sentenças do Antigo e do Novo Testamento. Eles fazem como aqueles que querem convencer as crianças pequenas a tomar alguma bebida amarga: untam e cobrem de mel a borda do copo, a fim de que aqueles inocentes, saboreando primeiro o doce, não sintam o amargo". Mas quem sondar a fundo sua doutrina verá com toda a clareza que ela não passa de um falso diamante da cor do açafrão, como aquele que o diabo apresentou quando tentou Nosso Senhor[4], porque citou a Escritura para conseguir seu propósito. "Ó Deus! – diz o mesmo Lirinense[5] –, o que fará ele com os homens miseráveis, visto que se atreve a atacar com a Escritura o próprio Senhor de majestade? Pensemos atentamente na doutrina desta passagem; porque, como então o chefe de um partido falou ao chefe de outro, assim agora os membros falam aos membros, ou seja, os membros do diabo aos membros de Jesus Cristo, os pérfidos aos fiéis, os sacrílegos aos religiosos, numa palavra, os hereges aos católicos." Mas como o

---

4 Mt 4,6.

5 Eodem Commonit., cap. XXVI.

chefe respondeu ao chefe, assim podemos nós, os membros, responder aos membros: nosso Chefe repeliu seu chefe com as próprias passagens da Escritura; rechacemo-los de maneira semelhante e, com consequências sólidas e naturais, deduzidas da Sagrada Escritura, mostremos a presunção e as trapaças com que eles pretendem encobrir suas concepções com as palavras da Escritura.

É o que pretendo fazer aqui, mas em poucas palavras; e prometo categoricamente apresentar com muita fidelidade tudo o que eu julgar que aparentemente mais os favorece e, em seguida, por meio da mesma Escritura, provarei sua culpabilidade, a fim de que vejais que, embora eles e nós manejemos e nos armemos com a Escritura, estão do nosso lado, no entanto, a realidade e o uso correto dela, enquanto eles têm apenas uma vã aparência à maneira de ilusão, do mesmo modo que não só Moisés e Aarão, mas também os magos, animaram suas varas e as transformaram em serpentes, mas a vara de Aarão devorou as varas dos outros[6].

---

6 Ex 7,10-12.

Capítulo I

Os sacramentos

Artigo I

O nome sacramento

Esta palavra sacramento está bem expressa na Escritura com o significado que tem na Igreja Católica, porque São Paulo, ao falar do Matrimônio, o denomina clara e nitidamente *sacramento*[7]. Mas veremos isto mais adiante; por agora basta, contra a insolência de Zuínglio[8] e outros que quiseram rejeitar este nome, que toda a Igreja antiga o tenha usado; porque não é com maior autoridade que as palavras Trindade, Consubstancial, Pessoa e centenas de outras permaneceram na Igreja como santas e legítimas; e é uma temeridade inútil e tola querer mudar as palavras eclesiásticas que a Antiguidade nos legou, além do perigo que haveria de que, após a mudança dos termos, venha a mudança da compreensão e da crença, como geralmente se vê que é a intenção destes inovadores de palavras. Mas, já que os pretensos reformadores em sua maioria, embora a contragosto, deixam

---

7 Ef 5,12.

8 Ano 25, livro *De vera et falsa religione*.

em uso esta palavra entre seus livros, passemos às desavenças que temos com eles acerca das causas e dos efeitos dos sacramentos, e vejamos como neste ponto eles desprezam a Escritura e as outras normas da fé.

Artigo II

A forma dos sacramentos

Comecemos com o seguinte: a Igreja Católica adota como formas dos sacramentos palavras consecratórias; os pretensos ministros quiseram reformar esta forma, dizendo que as palavras consecratórias são feitiços e que a verdadeira forma dos sacramentos era a pregação[9]. Que textos da Sagrada Escritura aduzem os ministros para estabelecer esta reforma? Quanto eu saiba, duas passagens apenas: uma de São Paulo e a outra de São Mateus. [São Paulo], ao falar da Igreja, diz que Nosso Senhor a santificou, *mundans lavacro aquae in verbo vitae*[10]; e o mesmo Nosso Senhor, em São Mateus, deu este mandamento a seus discípulos: *Docete omnes gentes, baptizantes eos in nomine Patris et Filii et Spiritus Sancti*[11]. Não são passagens bem claras para demonstrar que a

---

9   Calvino. *Institutiones*, livro IV, cap. XIV (§ 4); no cap. V ad Eph.; Beza, em Summa doctrinae de re sacramentaria.

10   Ef 5,26.

11   Mt 28,19.

pregação é a verdadeira forma dos sacramentos? Mas quem lhes disse que não há outro *verbum vitae* senão a pregação? Sustento, pelo contrário, que esta santa invocação – *Eu te batizo em nome do Pai e do Filho e do Espírito Santo* – é também um *verbum vitae*, como disseram São Crisóstomo e Teodoreto[12]; o mesmo se pode dizer de outras santas orações e invocações do nome de Deus, que no entanto não são pregações. E se São Jerônimo[13], seguindo o sentido místico, quer que a pregação seja uma espécie de água purificante, não se opõe no entanto aos outros Pais, que entenderam que a *lavação com água* é precisamente o Batismo e a *palavra de vida* é a invocação da Santíssima Trindade, a fim de interpretar a passagem de São Paulo pela outra de São Mateus: *Ensinai todas as nações, batizando-as em nome do Pai e do Filho e do Espírito Santo.* E, quanto a esta última, ninguém jamais negou que a instrução deva preceder o Batismo em relação àqueles que são capazes de recebê-la, seguindo a palavra de Nosso Senhor que põe a instrução antes e o Batismo depois. Mas nós, atendo-nos à mesma palavra, pomos a instrução antes, à parte, como disposição requerida naquele que tem o uso da razão, e o Batismo também à parte; nenhum deles pode ser forma do outro: nem o Batismo

---

12 In Eph. V, 26.

13 In eundem locum.

ser forma da instrução, nem a instrução ser forma do Batismo. E se, no entanto, um deva ser a forma do outro, o Batismo seria antes a forma da pregação em vez de a pregação ser a forma do Batismo; porque a forma não pode preceder, mas deve seguir a matéria, e porque a pregação precede o Batismo e o Batismo ocorre como resultado da pregação; pois Santo Agostinho não teria falado corretamente quando disse[14]: *Accedit verbum ad elementum, et fit Sacramentum*; porque deveria de preferência ter dito: *Accedit elementum ad verbum*. Estas duas passagens, portanto, não são aplicáveis nem oportunas para vossa reforma; e, no entanto, nelas vos apoiais.

Entretanto, vossas pretensões seriam de certa forma mais toleráveis se não tivéssemos na Escritura razões contrárias, mais explícitas do que as vossas, sem nenhuma comparação. Ei-las: *Qui crediderit et baptizatus fuerit*[15]. Vedes a crença que nasce em nós pela pregação, separada do Batismo? São, portanto, duas coisas distintas: a pregação e o Batismo. Quem duvida que São Paulo tenha catequizado e instruído na fé muitos coríntios que haviam sido batizados? Porque, se a instrução e a pregação fossem a forma do Batismo, São Paulo não teria motivo para dizer: *Gratias ago Deo quod neminem baptizavi nisi Crispum*

---

14 Tract. LXXX in Joan. § 3.

15 Mc 16,16.

et Caium etc.[16]; pois dar forma a uma coisa não é fazê-la? Ainda mais que São Paulo separa o batizar do pregar: *Non me misit Christus baptizare sed evangelizare*[17]. E, para mostrar que o Batismo é de Nosso Senhor e não de quem o administra, ele não diz: *Numquid in praedicatione Pauli baptizati estis?*, mas antes: *Numquid in nominte Pauli baptizati estis?*[18], mostrando que, embora a pregação preceda, ela não pertence à essência do Batismo, para atribuir ao pregador e catequista o Batismo como é atribuído àquele cujo nome é ali invocado. Na verdade, quem examinar atentamente o primeiro Batismo feito depois de Pentecostes verá claramente que a pregação é uma coisa e o Batismo é outra: *His auditis*, eis aqui a pregação de um lado, *compuncti sunt corde, et dixerunt ad Petrum et as reliquos Apostolos: quid faciemus, viri fratres? Petrus vero ad illos: paenitentiam, inquit, agite, et baptizetur unusquisque vestrum in nomine Jesu Chisti, in remissionem peccatorum vestrorum*[19]; eis o Batismo de outro lado, posto à parte. Outro tanto pode-se observar no Batismo do eunuco devoto da Etiópia[20], no de

---

16 1Cor 1,14.

17 1Cor 1,17.

18 1Cor 1,13.

19 At 2, 37-38.

20 At 8,35.36.37.38.

São Paulo[21], no qual não houve pregação, e no do bom e religioso Cornélio[22]. E, quanto à santíssima Eucaristia, que é o outro sacramento que os ministros parecem aceitar, onde encontrarão que Nosso Senhor tenha usado nela a pregação? São Paulo ensina aos coríntios como é preciso celebrar a Ceia, mas não se encontra ali que os tenha mandado pregar nela; e, a fim de que ninguém duvidasse de que o rito que ele propunha era legítimo, disse que o havia aprendido assim de Nosso Senhor: *Ego enim accepi a Domino, quod et tradidi vobis*[23]. Nosso Senhor pregou um admirável sermão após a Ceia, recitado por São João[24], mas não foi sobre o mistério da Ceia, que já estava completo. Isto não quer dizer que não é conveniente instruir o povo sobre os sacramentos que lhe são conferidos, mas apenas que esta instrução não é a forma dos sacramentos. E se na instituição destes divinos mistérios, e na própria prática dos apóstolos, encontramos a distinção entre a pregação e os sacramentos, para que os confundiríamos nós? O que Deus separou, para que o uniríamos? Neste ponto, portanto, de acordo com a Escritura, levamos toda a vantagem, e os ministros são convencidos de violação

---

21 At 9,18.

22 At 10,47-48.

23 1Cor 11,23.

24 Jo, caps. 14, 15 e 16.

da Escritura ao querer mudar a essência dos sacramentos contra sua instituição.

Eles violam também a Tradição, a autoridade da Igreja, dos concílios, dos papas e dos Pais, que creram e creem todos que o Batismo das crianças é verdadeiro e legítimo; mas como querer que a pregação seja empregada no Batismo delas? As crianças não entendem o que se lhes diz, não são capazes do uso da razão: para que instruí-las? Pode-se pregar diante delas, mas de nada adiantaria, porque seu entendimento ainda não está aberto para receber a instrução como instrução; a instrução não as comove nem pode ser aplicada a elas: que efeito, portanto, pode causar nelas? Seu Batismo, portanto, seria inútil, porque careceria de forma e significado; portanto, a forma do Batismo não é a pregação. Lutero responde[25] que as crianças sentem movimentos atuais de fé por meio da pregação: isto é violar e desmentir a experiência e o próprio senso comum. Além disso, em sua maioria, os batismos que se administram na Igreja Católica são administrados sem nenhuma pregação; não serão, portanto, verdadeiros batismos, porque falta neles a forma; por que não rebatizais, portanto, os que passam da nossa Igreja para a vossa? Isto seria um anabatismo.

---

25 L. contra Coclaeus.

Ora, vê-se pelo que foi exposto, de acordo com as normas da fé e principalmente de acordo com a Sagrada Escritura, como vossos ministros erram quando vos ensinam que a pregação é a forma dos sacramentos; mas vejamos se o que nós cremos acerca deste ponto é mais conforme com a santa Palavra. Nós dizemos que a forma dos sacramentos é uma palavra consecratória, e de bênção ou invocação. Existe algo tão claro na Escritura: *Docete omnes gentes, baptizantes eos in nomine Paris et Filii et Spiritus Sancti?*[26] E esta forma, *em nome do Pai* etc., não é invocatória? Certamente. O mesmo São Pedro que diz aos judeus: *Paenitentiam agite et baptizetur unusquisque vestrum in nomine Jesu Christi, in remissionem peccatorum vestrorum*[27], diz pouco depois ao coxo diante da porta do templo chamada Formosa: *In nomine Jesu Christi Nazareni, surge et ambula*[28]. Quem não vê que esta última palavra é invocatória? E por que não a primeira, que é de igual substância? Assim, São Paulo não diz[29]: *Calix praedicationis do quo praedicamus, nonne communicatio Sanguinis Christi est?*, mas ao contrário: *Calix benedictionis cui benedicimus.* Era, portanto, consagrado e bendito: da

---

26 Mt 28,19.

27 At 2,38.

28 At 3,6.

29 1Cor 10,16.

mesma maneira no Concílio de Laodiceia, cân. 25: *Non opportet Diaconum calicem benedicere.* São Dionísio, discípulo de São Paulo, denomina "consecratórias"[30] estas palavras, e em sua descrição da Liturgia ou missa, não coloca a pregação, o que mostra que não a considerava forma da Eucaristia. No Concílio de Laodiceia[31], onde se fala da ordem da missa, nada se diz da pregação, considerando-a coisa de decência, mas não da essência deste mistério. Justino Mártir, descrevendo o antigo ofício que os cristãos celebravam no domingo, diz[32] entre outras coisas que, depois das orações gerais, "oferecia-se pão, vinho e água, e então o prelado elevava com todo o fervor orações e ações de graças a Deus e o povo bendizia, dizendo: *Amen. His cum Eucharistia concecratis, unusquisque participat, eademque absentibus dantur diaconis perferenda*". Aqui muitas coisas são dignas de nota: a água era misturada ao vinho, oferecia-se, consagrava-se, levava-se aos enfermos; mas, se nossos reformadores tivessem estado lá, teria sido necessário eliminar a água, a oferenda e a consagração, e levar em seu lugar a pregação aos enfermos, ou tudo teria sido inútil; porque, como diz João Calvino[33]: *Mysterii*

---

30 *De Ecclesiastica Hierarchia*, cap. último (§ III, 10).

31 Cân. XIX.

32 Apol. II (*al.* I, § 67).

33 In cap. V, *Ep. ad Ephesios.*

explicatio ad populum sola facit ut mortuum elementum incipiat esse sacramentum. São Gregório de Nissa diz[34]: *Recte nunc etiam Dei verbo sanctificatum panem* (e fala do sacramento do altar) *in Verbi Corpus credimus immutari*; e depois diz que esta mudança se faz *virtute benedictionis. Quomodo* – diz o grande Santo Ambrósio[35] – *potest qui panis est Corpus esse Christi? Consecratione.* E mais adiante: *Non erat Corpus Christi ante consecrationem, sed post consecrationem dico tibi quod jam est Corpus Christi.* Meditai-o meticulosamente; mas eu me reservo falar sobre este tema quando tratarmos da santa missa.

Mas quero concluir com esta notável sentença de Santo Agostinho[36]: *Potuit Paulus significando praedicare Dominum Jesum Christum, aliter per linguam suam, aliter per epistolam, aliter per Sacramentum Corporis et Sanguinis ejus: nec linguam quippe ejus, nec membranas, nec atramentum, nec significantes sonos lingua editos, nec signa litterarum conscripta pelliculis, Corpus Christi et Sanguinem dicimus; sed illud tantum quo ex fructibus terrae acceptum, et prece mistica consecratum,*

---

34 *Oratio catechetica magna*, cap. XXXVII; *De Sacramentis*. Fortasse opusculum S. Thomas *De Sacramentis Ecclesiae*, ubi eadem fere verba occurrunt. Et vide Garetium In libro *Classes novem de reali Corporis Christi praesentia* etc.

35 *De Sacramentis*, livro IV, cap. IV (§§ 14.16).

36 Livro III *De Sancta Trinitate*, cap. IV.

rite sumimus. E, se Santo Agostinho diz[37]: *Unde tanta vis aquae ut corpus tangat e cor abluat, nisi faciente verbo? Non quia dicitur, sed quia creditur*, nós nada dizemos em contrário, porque, de fato, as palavras de bênção e santificação, com as quais se formam e perfazem os sacramentos, não possuem virtude se não são proferidas de acordo com a intenção geral e crença da Igreja; porque, se alguém as disser sem esta intenção, elas serão ditas verdadeiramente, mas inutilmente, já que *non quia dicitur, sed quia creditur*.

---

37 *Tract. LXXX in Joan.*, § 3.

Artigo III

A intenção requerida na administração dos sacramentos

Nunca encontrei nenhuma prova, tirada da Escritura, da opinião que os vossos pregadores têm sobre este ponto. Eles dizem[38] que, embora o ministro não tenha nenhuma intenção de celebrar a Ceia ou de batizar, mas apenas a intenção de zombar e gracejar, apesar disso, se executar a ação exterior do sacramento, o sacramento está completo. Tudo isto é dito aleatoriamente, sem apresentar outras provas senão certas ilações não tiradas da Palavra de Deus, a modo de trapaça. Pelo contrário, o Concílio de Florença[39] e o de Trento declaram que "se alguém diz que pelo menos a intenção de fazer o que a Igreja faz não é requerida nos ministros quando conferem os

---

38 Lutero, em *De captivitate babylonica Ecclesiae*, cap. De baptismo; Calvino, Ant. sessão VII.

39 In Instruct. Arm. (*al.* Decretum Eugenii de unione Armenorum).

sacramentos, seja anátema"[40]: estes são os termos do Concílio de Trento. O concílio não diz que se exige ter a intenção particular da Igreja – porque senão os calvinistas, que no Batismo não têm a intenção de eliminar o pecado original, não batizariam de modo correto, porque a Igreja tem esta intenção –, mas apenas a de fazer em geral o que a Igreja faz quando batiza, sem particularizar nem determinar o que nem como. *Item*: o concílio não diz que seja necessário querer fazer o que a Igreja romana faz, sem particularizar qual é a verdadeira Igreja; mas que quem, pensando que a pretensa Igreja de Genebra é a verdadeira Igreja, limitasse sua intensão à intenção da Igreja de Genebra, se enganaria se alguma vez algum homem se engana no conhecimento da verdadeira Igreja; mas sua intenção bastaria neste ponto, porque, embora se limitasse à intenção de uma Igreja falsa, se nisto se limitasse apenas à forma e concepção da verdadeira Igreja, o erro seria apenas material e não formal, como dizem nossos doutores. *Item*: não se requer que tenhamos esta intenção atualmente quando conferimos o sacramento, mas basta poder dizer de verdade que fazemos tal e tal cerimônia e dizemos tal e tal palavra, como derramar a água dizendo: *Eu te batizo em nome do Pai* etc., com a intenção de fazer o que os verdadeiros cristãos fazem

---

40 Concílio Tridentino, sessão VII (De Sacramentis), cap. XI.

e que Nosso Senhor mandou, embora naquele momento não tenhamos a atenção voltada para isso e não pensemos precisamente nisso. Como, para dizer que prego para servir a Deus e para a salvação das almas, basta que, quando quero preparar-me para isso, eu tenha esta intenção, embora, quando esteja no púlpito, eu pense no que tenho a dizer e em mantê-lo na memória, e já não pense mais naquela primeira intenção; ou como aquele que resolveu dar cem escudos por amor a Deus e, depois, saindo de sua casa para fazê-lo, vá pensando em outras coisas e, no entanto, distribui a soma; porque, embora não tenha o pensamento voltado para Deus naquele momento, não se pode dizer que sua intenção não esteja voltada para Deus por causa de sua primeira deliberação e que não faça essa obra de caridade deliberadamente e com consciência do fato. Essa intenção é pelo menos o que se requer, e também basta, para a colação dos sacramentos.

Agora que a proposição do concílio está elucidada, vejamos se ela é, como a dos adversários, sem fundamento na Escritura. Não se pode duvidar razoavelmente que, para celebrar a Ceia de Nosso Senhor ou o Batismo, é necessário fazer o que Nosso Senhor mandou para este fim, e não só que é necessário fazê-lo, mas que é necessário fazê-lo em virtude deste mandamento e instituição; pois se poderia muito bem fazer estas ações por outra causa que não o mandamento de Nosso Senhor, como o faria um homem que, enquanto dorme, sonhasse e batizasse, ou estando embriagado; na verdade, as palavras seriam ali o elemento, mas não teriam a força, por não procederem do mandamento de quem pode torná-las vigorosas e eficazes; do mesmo modo que nem tudo o que um juiz diz e escreve são sentenças judiciais, mas apenas o que ele diz na qualidade de juiz. Mas como se poderia estabelecer a diferença entre as ações sacramentais feitas em virtude do mandamento que as torna eficazes e essas mesmas ações feitas com outra finalidade? Sem dúvida, a diferença só pode estar na intenção com que são executadas; é preciso, portanto, que as palavras não só sejam proferidas, mas que sejam proferidas com a intenção de cumprir o mandamento de Nosso Senhor: na Ceia, *Hoc facite*, e, no Batismo, *Baptizantes eos in nomine Patris et Filii et Spiritus Sancti*.

Mas, falando francamente, este mandamento – *Hoc facite*[41] – não de dirige propriamente ao ministro deste sacramento? Sem dúvida nenhuma. Mas não se diz simplesmente: *Hoc facite*, e sim: *Hoc facite in meam commemorationem*. E como se pode fazer esta ação sagrada em memória de Nosso Senhor, sem ter a intenção de fazer com ela o que Nosso Senhor mandou, ou, pelo

---

41   1Cor 11,24.

menos, o que os cristãos discípulos de Nosso Senhor fazem, a fim de que, se não imediatamente, pelo menos por intermédio da intenção dos cristãos ou da Igreja, se faça esta ação em memória de Nosso Senhor? Creio que é impossível imaginar que um homem faça a Ceia em memória de Nosso Senhor, se não tem a intenção de fazer o que Nosso Senhor mandou ou, pelo menos, de fazer o que fazem aqueles que a fazem em memória de Nosso Senhor. Não basta, portanto, fazer o que Nosso Senhor mandou quando disse: *Hoc facite*, mas é preciso fazê-lo com a intenção com que Nosso Senhor o mandou, ou seja, *in sui commemorationem*; se não com esta intenção particular, pelo menos com a intenção geral; se não imediatamente, pelo menos mediatamente, querendo fazer o que faz a Igreja, que tem a intenção de fazer o que Nosso Senhor fez e mandou, de modo a unir-se à intenção da Esposa, que se ajusta ao mandamento do Esposo.

Igualmente Nosso Senhor não mandou que se dissessem simplesmente estas palavras, *Ego te baptizo*, mas ordenou que toda a ação do Batismo se fizesse *in nomine Patris*; de modo que não basta dizer *in nomine Patris*, mas é necessário que a lavação ou a própria aspersão se façam *in nomine Patris* e que esta autoridade anime e revigore não só a palavra, mas toda a ação do sacramento, que por si só não teria virtude sobrenatural. Mas como se pode fazer uma ação em nome de

Deus, quando é feita para zombar de Deus? Na verdade, a ação do Batismo não depende das palavras a tal ponto que não possa ser feita em virtude e com autoridade totalmente contrárias às palavras, se o coração, que é o motor das palavras e da ação, as encaminha para um fim e uma intenção contrários. Mais ainda: estas palavras, *em nome do Pai* etc., podem ser ditas em nome do inimigo do Pai, assim como as palavras "na verdade, na verdade" podem ser, e são muitas vezes, ditas de mentira. Se, portanto, Nosso Senhor não manda que simplesmente se execute a ação do Batismo nem que simplesmente se digam as palavras, mas que se execute a ação e se digam as palavras *em nome do Pai* etc., é preciso ter pelo menos a intenção geral de administrar o Batismo em virtude do mandamento de Nosso Senhor, em seu nome e de sua parte; e que, no tocante à absolvição, seja requerida a intenção está mais do que expresso: *Quorum remiseritis peccata, remittuntur eis*[42], deixando isso à sua deliberação. E a este propósito diz Santo Agostinho[43]: *Unde tanta vis aquae, ut corpus tangat et cor abluat, nisi faciente verbo? Non quia dicitur, sed quia crediur*; ou seja, as palavras por si mesmas, sendo proferidas sem nenhuma intenção ou crença, não possuem virtude; mas, sendo ditas em virtude

---

42 Jo 20,23.

43 Ubi supra, art. praeced.

e crença, e de acordo com a intenção geral da Igreja, produzem este efeito salutar. E se em algumas histórias[44] encontramos que alguns batismos feitos por brincadeira foram aprovados, isto não deve causar estranheza, porque se pode fazer muitas coisas por brincadeira e, no entanto, ter a intenção de fazer verdadeiramente o que se quiz fazer; mas chama-se brincadeira tudo o que se faz fora do tempo e de discrição, quando não se faz por malícia ou sem vontade.

---

44 Nicéforo, livro VIII, cap. XL (*al*. XLIV).

Capítulo II

O purgatório

❧ **Prólogo** ❧

Em nosso tempo a Igreja Católica é acusada de superstição nas orações que ela faz pelos fiéis falecidos, visto que supõe nelas duas verdades que se pretende que não o são, ou seja, que os falecidos sofrem castigo e indigência e que se pode socorrê-los. Mas os falecidos ou estão condenados ou salvos; os condenados sofrem castigo, mas irremediável, e os salvos são cumulados de todos os prazeres; de modo que a alguns falta a indigência e aos outros o meio de receber socorro, e por isso não há lugar para rezar a Deus pelos falecidos.

Este é o sumário da acusação. Mas certamente deve bastar a todo mundo, para fazer um julgamento justo acerca desta acusação, saber que os acusadores eram pessoas particulares, e o acusado era o corpo da Igreja universal. E, no entanto, visto que o humor do nosso século decidiu submeter ao controle e à censura de cada um todas as coisas, por mais sagradas, religiosas e autênticas que possam ser, muitas pessoas honradas e eminentes tomaram nas mãos o direito da Igreja para defendê-la, estimando que não podem empregar melhor sua piedade e sua ciência do que em defesa daquela por cujas mãos receberam todo o seu bem espiritual, o Batismo, a doutrina cristã e as próprias Escrituras. Suas razões são tão convincentes que, se bem-equilibradas e contrabalançadas com as dos acusadores, se conheceria imediatamente sua boa qualidade. Mas o que aconteceu? Proferiu-se a sentença sem ouvir a parte interessada. Não temos razão, todos os que somos servos e filhos da Igreja, de impetrar recurso de apelação e queixar-nos da parcialidade dos juízes, deixando de lado, neste momento, sua incompetência? Apelamos, portanto, dos juízes não instruídos aos instruídos, e dos juízos ditados sem ouvir a parte interessada a juízos em que a parte seja ouvida, suplicando a todos os que queiram julgar acerca deste litígio que considerem nossas alegações e provas com tanto maior atenção por se tratar, aqui, não da condenação da parte acusada, que não pode ser condenada por seus inferiores, mas da condenação ou salvação destes mesmos que julgarão acerca disto.

Artigo I

O nome purgatório

Nós sustentamos, portanto, que se pode rezar pelos fiéis falecidos e que as orações e boas ações dos vivos os aliviam muito e lhes são proveitosas; porque nem todos os que morrem na graça de Deus, e por conseguinte pertencem ao número dos eleitos, vão imediatamente ao Paraíso, mas muitos vão ao purgatório, onde sofrem um castigo temporário, para cuja libertação nossas orações e boas obras podem ajudar e servir. E eis aqui o ponto principal de nossa dificuldade. Estamos de acordo que o sangue de nosso Redentor é o verdadeiro purgatório das almas, porque nele se limparam todas as almas do mundo; por isso São Paulo, no capítulo primeiro[45] da Carta ao Hebreus, o chama *purgationem peccatorum facientem*. Também as tribulações são certos purgatórios, pelos quais nossas almas são purificadas como o ouro é purificado no forno (Eclesiástico 27[46]): *Vasa figuli*

---

45 Hb 1,3.

46 Eclo 27,5.

probat fornax, justos autem tentatio tribulationis. A penitência e a contrição são também um certo purgatório, do qual Davi diz, no Salmo 51[47]: *Asperges me, Domine, hyssopo et mundabor.* Sabemos também que o Batismo, pelo qual nossos pecados são lavados, pode ser denominado purgatório, e tudo o que serve para a purificação das nossas ofensas. Mas aqui denominamos purgatório um lugar no qual, após esta vida, as almas que partem deste mundo antes de estarem perfeitamente purificadas das manchas que contraíram, não podendo entrar no Paraíso nada que não esteja puro e limpo[48], são detidas para ali serem limpadas e purificadas. E, caso se queira saber por que este lugar é denominado simplesmente purgatório de preferência aos outros meios de purificação acima citados, responderemos que é porque nesse lugar não se faz outra coisa senão purificar as manchas que ainda restaram ao partir deste mundo, e porque, no Batismo, na penitência, nas tribulações etc., a alma não só se purifica de suas imperfeições, mas se enriquece ainda com muitas graças e perfeições; e isto levou a reservar o nome de purgatório a este lugar do outro século, o qual, propriamente falando, só serve para a purificação das almas. E, quanto ao sangue de

---

47 Sl 51,9.

48 Ap 21,27.

Nosso Senhor, reconhecemos de tal maneira sua virtude que declaramos em todas as nossas orações que a purificação das almas, seja neste mundo ou no outro, só se faz por sua aplicação; mais ciumentos da honra devida a este precioso remédio do que aqueles que, para tomá-lo, desprezam seu santo uso. Por purgatório entendemos, portanto, um lugar onde as almas, por algum tempo, são purificadas das manchas e imperfeições que levaram desta vida mortal.

Artigo II

Os que negaram o purgatório e os meios para prová-lo

O artigo do purgatório não é uma opinião recebida instantaneamente: há muito tempo a Igreja sustentou esta crença diante de todos e contra todos. E parece que o primeiro que a combateu foi Aério, herege ariano, como atesta Santo Epifânio (*Haer*, 75[49]) e Santo Agostinho (*Haer*. 53) e Sócrates (livro II, cap. 35[50]), há 1.200 anos aproximadamente. Depois vieram certas pessoas que se chamavam apostólicos, do tempo de São Bernardo; depois os Petrobusianos aproximadamente há 500 anos, que negavam também este mesmo artigo, como escreve São Bernardo, em *Sermone* 65 e 66 in *Cantica Canticorum*, e na Epístola 241[51],

---

49 § 8.

50 Sic apud Genebrardum. *Chronogr.*, livro IV, anno 356; Socrates vero de *Aetio* non de *Aerio* tractat.

51 *Al*. Epist. 240.

e Pedro de Cluny, Epístola 1 e 2[52] e alhures[53]. Esta mesma opinião dos Petrobusianos foi seguida pelos Valdenses, no ano de 1170, como relata Guido em sua *Suma*[54]; e alguns gregos foram suspeitos acerca desse ponto e disso se justificaram no Concílio de Florença[55], e em sua apologia apresentada ao Concílio de Basileia[56]. Por fim, Lutero, Zuínglio, Calvino e os de seu partido negaram totalmente a verdade do purgatório, porque, embora Lutero, *in Disputatione Lipsica*, diga que acreditava firmemente e, mais ainda, que sabia seguramente que havia um purgatório, em seguida se desdisse, no livro *De abroganda missa privata*. Em suma, é típico de todas as facções de nosso tempo zombar do purgatório e desprezar as orações pelos falecidos; mas a Igreja Católica se opôs energicamente a todos estes, cada um em seu tempo, com a Sagrada Escritura nas

---

52 Aliter *Epist. sive Tractatus adversus Petrobusianos*, in praefat. et in prima divisione.

53 Epist. infra notata, divis. penult.

54 *Summa de Haeresibus* cap. I.

55 Sessão XXV.

56 Sic apud Genebrardum, *Chronogr.*, livro IV, ad calcem Saeculi XV, ubi scribitur *Basiliensi erronee*, ut videtur, pro *Ferrarriensi*. Vide Concilia, anno 1438, ad initia Concilii Florentini; cf. Belarmino, *Controv. de Purg.*, livro I, cap. II.

mãos, da qual nossos predecessores tiraram muitas belas razões.

Com efeito: 1. Ela demonstrou que as esmolas, orações e outras santas obras podem aliviar os falecidos; do que se segue que existe um purgatório, porque os do inferno não podem ser socorridos em suas penas; no Paraíso, como existe ali todo bem, não podemos levar nada de nosso aos que ali já se encontram; portanto, esses auxílios são para os que se encontram num terceiro lugar, que denominamos purgatório.

2. Ela demonstrou que no outro mundo alguns falecidos foram livrados de suas penas e pecados; não sendo possível fazer isto nem no inferno nem no Paraíso, segue-se que deve existir um purgatório.

3. Ela demonstrou que muitas almas, antes de chegar ao Paraíso, passaram por um lugar de castigo que não pode ser outro senão o purgatório.

4. Ao provar que as almas que se encontram sob a terra prestavam honra e reverência a Nosso Senhor, ela demonstrou igualmente a existência do purgatório, porque isso não se pode pensar desses pobres miseráveis que se encontram no inferno.

5. Em muitas outras passagens, com diversidade de consequências, mas todas muito a propósito, e nas quais tanto mais devemos mostrar deferência aos nossos doutores porque

as passagens que eles alegam agora foram apresentadas para esse mesmo fim por estes grandes Pais antigos, sem que, para defender este santo artigo, tenhamos precisado forjar novas interpretações; o que mostra muito bem a sinceridade com que procedemos nesta tarefa, enquanto nossos acusadores tiram da Escritura consequências que nunca foram pensadas anteriormente, mas foram preparadas pela primeira vez com o único fim de combater a Igreja.

Nossos raciocínios terão a seguinte ordem: 1) avaliaremos as passagens da Escritura; 2) em seguida dos concílios; 3) dos antigos Pais; 4) de todo tipo de autores. Depois aduziremos nossas razões e, por fim, traremos os argumentos da parte contrária, que mostraremos não serem admissíveis: assim concluiremos afirmando a crença da Igreja Católica. Só restará que o leitor ponha de lado as lupas de sua própria paixão, pense atentamente no mérito de nossas provas e se lance aos pés da divina Bondade, exclamando com toda a humildade com Davi[57]: *Da mihi intellectum et scrutabor legem tuam, et custodiam illam in toto corde meo*. E então não duvido que ele voltará ao seio de sua grande Mãe, a Igreja Católica.

---

57 Sl 119,34.

Artigo III

Algumas passagens da Escritura nas quais se fala de purificação após esta vida e de um tempo e de um lugar para ela

Este primeiro argumento é irrefutável: existe um tempo e um lugar de purificação para as almas após esta vida mortal; existe, portanto, um purgatório, porque o inferno não pode produzir nenhuma purificação e o Paraíso não pode receber nada que precise de purificação. Portanto, existe um tempo e um lugar de purificação após esta vida. Eis as provas:

1. No Salmo 66[58]: *Transivimus per ignem et aquam, et eduxisi nos in refrigerium.* Esta passagem foi citada como prova do purgatório por Orígenes (*homilia 25 in Numeros*[59]) e por Santo

---

58 Sl 66,12.

59 § 6.

46

Ambrósio sobre o Salmo 37[60], e no sermão III[61] sobre o Salmo 119, onde expõe pela água o Batismo e pelo fogo o purgatório.

2. Em Isaías, no cap. 4[62]: *Purgavit Dominus sordes filiorum et filiarum Sion, et sanguinem emundavit de medio eorum, in spiritu judicii et combustionis.* Esta purificação, feita *em espírito de julgamento e de combustão*, é entendida como sendo o purgatório por Santo Agostinho no livro XX, cap. 25 da *Cidade de Deus*. E, realmente, as palavras precedentes favorecem esta interpretação, pois nelas se fala da salvação dos homens; e depois, no fim do capítulo, onde fala do repouso dos bem-aventurados, dos quais foi dito: *purgavit Dominus sordes*, deve-se entender a purificação necessária para esta salvação; e, porque se diz que esta purificação deve ser feita em *espírito* de ardor e de *combustão*, ela só pode ser interpretada corretamente como sendo o purgatório e o fogo deste.

3. Em Miqueias, no cap. 7[63]: *Ne laeteris, inimica mea, super me quia cecidi; consurgam cum sedero in tenebris. Dominus lux mea est; iram Domini portabo, quoniam peccavi ei,*

---

60 § 26.

61 § 14.

62 Is 4,4.

63 Mq 7,8-9.

donec causam meam judicet et faciat judicium meum; educet me in lucem, videbo justitiam ejus. Esta passagem já era utilizada para provar o purgatório entre os católicos no tempo de São Jerônimo, há 1.200 anos aproximadamente, como o mesmo São Jerônimo o atesta ao falar sobre o último capítulo de Isaías[64]; onde se diz: *cum sedero in tenebris; iram Domini portabo, donec causam meam judicet,* não se pode entender tão apropriadamente outra pena senão a do purgatório.

4. Em Zacarias 9[65]: *Tu autem, in sanguine testamenti tui, eduxisti vinctos tuos de lacu in quo non est aqua.* O lago do qual são tirados esses prisioneiros não é outro senão o purgatório, do qual Nosso Senhor os resgatou em sua descida aos infernos, não podendo ser entendido como o limbo, onde estavam os Pais antes da ressurreição de Nosso Senhor, no seio de Abraão, porque ali havia água de consolação, como se pode ver em São Lucas 16[66]; a respeito disso, Santo Agostinho, na epístola 99[67], *ad Evodium,* diz que Nosso Senhor visitou os que estavam nos tormentos dos infernos, ou seja, no purgatório,

---

64 Is 66,24.

65 Zc 9,11.

66 Lc 16,22-25.

67 *Hodie* ep. 164.

e os libertou deles; daí segue-se que existe um lugar onde o fiéis são mantidos prisioneiros e do qual podem ser libertados.

5. Em Malaquias cap. 3[68]: *Et sedebit conflans et emundans argentum; et purgabit filios Levi et colabit eos quasi aurum et argentum* etc. Esta passagem é descrita como um lugar de pena purificante por Orígenes na homilia 6 sobre o Êxodo[69], por Santo Ambrósio sobre o Salmo 37[70], por Santo Agostinho, livro XX, cap. 25 da *Cidade de Deus* e por São Jerônimo sobre esta passagem. Sabemos muito bem que eles se referem à purificação que será feita no fim do mundo pelo fogo e conflagração geral, onde serão purificados os restos dos pecados daqueles que então estarão vivos; mas nós não deixamos de deduzir um bom argumento em favor do nosso purgatório, porque, se as pessoas daquele tempo terão necessidade de purificação antes de sentir o efeito da bênção do Juiz supremo, por que os que morrem antes desse tempo não terão também necessidade, visto que pode acontecer que por ocasião de sua morte tenham algum resto de suas imperfeições? Na verdade, se o Paraíso não pode receber nenhuma mancha naquele tempo, tampouco poderá recebê-las agora. A este propósito,

---

68 Ml 3,3.

69 § 4.

70 § 26.

Santo Ireneu, no cap. 29 do livro V[71], diz que, visto que a Igreja militante deverá então subir ao palácio de seu Esposo e que não haverá mais tempo de purificação, suas faltas e imperfeições serão purificadas imediatamente por este fogo que precederá o juízo.

6. Deixo de lado a passagem do Salmo 38[72], *Domine ne in furore tuo arguas me, neque in ira tua corripias me*, que Santo Agostinho[73] interpreta como referente ao inferno e ao purgatório, sendo que *in furore argui* se refere à pena eterna e *in ira corripias me* se refere à pena do purgatório.

---

71 *Contra Haereses.*

72 Sl 38,1.

73 In Psal. XXXVII, § 3.

Artigo IV

Outra passagem do Novo Testamento a este propósito

7. Na Primeira Carta aos Coríntios[74]: *Dies Domini declarabit, quia in igne revelabitur, et uniuscujusque opus qualis sit ignis probabit; si cujus opus manserit quod superaedificavit, mercedem accipiet, si cujus opus arserit, detrimentum patietur; ipse autem salvus erit, sic tamen quasi per ignem.* Esta passagem sempre foi considerada uma das mais ilustres e difíceis de toda a Escritura. Ora, nela, como verá facilmente quem examinar com atenção todo o capítulo, o Apóstolo utiliza duas analogias: a primeira é a de um arquiteto que edifica uma casa preciosa com materiais sólidos sobre uma rocha, a segunda é a daquele que sobre o mesmo fundamento edifica uma casa de madeira, bambu e palha. Imaginemos agora que o fogo atinge ambas as casas: a casa construída com material sólido se salvará, a outra será reduzida a cinzas; e se o

---

74 1Cor 3,13-15.

arquiteto se encontra na primeira, permanecerá são e salvo, mas, se estiver na segunda e quiser escapar, precisará precipitar-se através do fogo e das chamas e, ao salvar-se, carregará as marcas de ter estado no fogo: *Ipse autem salvus erit, sic tamen per ignem.*

O fundamento desta analogia é Nosso Senhor, de quem São Paulo diz[75]: *Ego plantavi,* e[76]: *Ego ut sapiens architectus fundamentum posui,* e depois[77]: *Fundamentum enim aliud nemo ponere potest praeter id quod positum est, quod est Christus Jesus.* Os arquitetos são os pregadores e doutores do Evangelho, como se pode verificar considerando atentamente as palavras de todo este capítulo e como o interpretam Santo Ambrósio e Sedúlio[78] nesta passagem. *O dia do Senhor* do qual se fala é entendido como o Juízo, que na Escritura se costumava chamar de dia do Senhor; em Joel 2[79]: *Veniet dies Domini,* em Sofonias 1[80]: *Juxta est dies Domini.* Depois, porque se acrescenta: *dies Domini declarabit,* pois é naquele dia que serão declaradas todas as ações do mundo;

---

75 1Cor 3,6.

76 1Cor 3,10.

77 1Cor 3,11.

78 Sedulius Scotus, junior, saeculo IX, *Collectanea in omnes B. Pauli Epistolas,* in 1Cor 3.

79 Jl 2,1.

80 Sf 1,7.

por fim, quando o Apóstolo diz: *quia in igne revelatur*, ele mostra claramente que é o dia do último juízo; na Segunda Carta ao Tessalonicenses 1[81]: *In revelatione Domini nostri Jesu Christi de caelo, cum Angelis virtutis ejus, in flamma ignis*; no Salmo 97[82]: *Ignis ante ipsum praecedet. O fogo* pelo qual o arquiteto se salva – *ipse autem salvus erit, sic tamen quasi per ignem* – não se pode entender que seja outro senão o fogo do purgatório; pois, quando o Apóstolo diz que ele se salvará, exclui o fogo do inferno do qual ninguém pode salvar-se, e, quando diz que ele se salvará pelo fogo, e fala somente daquele que edificou com madeira, bambu e palha, mostra que não fala do fogo que precederá o dia do Juízo, porque por este passarão não somente os que edificaram com aqueles materiais leves, mas também os que edificaram com ouro, prata etc.

Toda esta interpretação, além de se harmonizar muito bem com o texto, é também muito autêntica por ter sido seguida, por comum consentimento, pelos antigos Pais. São Cipriano, livro IV, epístola 2[83], parece aludir a esta passagem; Santo Ambrósio sobre esta passagem,

---

81 1Ts 1,7-8.

82 Sl 97,3.

83 *Al.* Ep. 50, § 20.

São Jerônimo sobre Amós 4[84], Santo Agostinho sobre o Salmo 38, São Gregório[85], Ruperto e os outros concordam todos com isto[86]; e, dentre os gregos, Orígenes na homilia 6 sobre o Êxodo[87], Ecúmeno sobre esta passagem[88], onde alega São Basílio[89], e Teodoreto[90] citado por Santo Tomás no opúsculo primeiro *Contra os Gregos*[91].

Dir-se-á que nesta interpretação há equívoco e incorreção, porque o fogo de que se fala é entendido às vezes como o fogo do purgatório e outras vezes como o que precederá o dia do Juízo. A isto se responde que é uma maneira elegante de falar pelo confronto destes dois fogos, porque eis o sentido da sentença: o dia do Senhor será iluminado pelo fogo que o precederá e, como aquele dia será iluminado pelo fogo, assim esse mesmo dia elucidará pelo Juízo o mérito e o defeito de cada obra; e, como cada obra será elucidada, assim os

---

84 Am 4,11.

85 Dialog. Livro IV, cap. XXXIX.

86 In Commentario.

87 § 4.

88 Patrol. Grega, t. CXVIII, col. 678.

89 In Isaiam 9,19.

90 In 1Cor 3,15. Hodie locus desideratur inter commentarios Theodoreti: vide Patrol. Graec., t. LXXXII, col. 251, in notis.

91 Divis. ult., *Quod est Purgatorium*.

operários que trabalharam com imperfeições serão salvos pelo fogo do purgatório. Mas, além disso, ainda que disséssemos que São Paulo usa de maneira diversa uma mesma palavra numa mesma passagem, isso não seria coisa nova, porque ele usa palavras do mesmo modo em outras passagens, mas tão apropriadamente que isto serve de ornamento para sua linguagem, como na Segunda Carta aos Coríntios 5[92]: *Eum qui non noverat peccatum, pro nobis peccatm fecit.* Quem não vê aqui que *peccatum* é tomado em sentido próprio na primeira vez, para referir-se à iniquidade, e em sentido figurado na segunda, para referir-se àquele que carrega a pena do pecado?

Dir-se-á também que não se declara que ele será salvo pelo fogo, mas *como que pelo fogo*, e que, portanto, não se pode concluir que seja de fato o fogo do purgatório. Respondo que há semelhança nesta passagem, porque o Apóstolo quer dizer que aquele cujas obras não são totalmente sólidas será salvo como o arquiteto que escapa do fogo, não deixando por isso de passar pelo fogo, mas um fogo de outra qualidade, que não é o fogo que arde neste mundo. Basta que desta passagem se conclua que muitos dos que tomarão posse do reino do Paraíso passarão pelo fogo: portanto, este não será o fogo do inferno, nem o fogo que precederá o Juízo; será, pois, o

---

92 2Cor 5,21.

fogo do purgatório. A passagem é difícil e incômoda; mas, bem considerada, nos fornece uma conclusão manifesta para o que pretendemos.

E eis tudo o que há acerca das passagens pelas quais se pode observar que, depois desta vida, existe um tempo e um lugar de purificação.

Artigo V

Alguns outros lugares pelos quais a oração, a esmola e as obras santas pelos falecidos são autorizadas

O segundo argumento que tiramos da santa Palavra em favor do purgatório é tomado do livro segundo dos Macabeus, no cap. 12[93]; ali a Escritura conta que Judas Macabeu enviou a Jerusalém 12 mil dracmas de prata para fazer sacrifícios pelos mortos, e depois acrescenta[94]: *Sancta ergo et salubris est cogitatio pro defunctis exorare, ut a peccatis solvantur.* Eis, portanto, nosso discurso: é coisa santa e proveitosa rezar pelos mortos a fim de que sejam libertados de seus pecados; portanto, depois da morte existe ainda tempo e lugar para a remissão dos pecados; e, como este lugar não pode ser nem o inferno nem o Paraíso, deve ser, portanto, o purgatório.

---

93 2Mc 12,43.

94 2Mc 12,45.

Este argumento é tão conclusivo que, para responder a ele, nossos adversários negam a autoridade do livro dos Macabeus e o consideram apócrifo; mas, na verdade, eles o fazem apenas por falta de outra resposta, porque este livro foi considerado autêntico e sagrado pelo Concílio de Cartago III[95], no cânon 47, e por Inocêncio I, na epístola *ad Exuperium*, e por Santo Agostinho, no livro XVIII da *Cidade de Deus*, cap. 36, do qual tomamos estas palavras: *Libros Maccabaeorum non Judaei sed Ecclesia pro canonicis habet*, e o mesmo Santo Agostinho, no livro II *De doctrina christiana*, cap. 8, e Gelásio[96], no decreto dos livros canônicos que elaborou num concílio de 70 bispos, e muitos outros Pais que seria longo citar. De modo que querer responder negando a autoridade do livro é negar igualmente a autoridade da Antiguidade.

Sabemos muito bem tudo o que se aduz como pretexto para esta negativa, que em geral não faz mais do que mostrar a dificuldade de entender as Escrituras, mas nenhuma falsidade

---

95 Que foi celebrado há 1.200 anos aproximadamente e no qual esteve presente Santo Agostinho, como relata Próspero no *Cronógrafo*.

96 De acordo com uma opinião bastante aceita em sua época, o santo escreveu *Dâmaso*; mas em outro lugar atribui justamente este decreto a Gelásio.

nelas; no entanto, parece-me necessário responder a uma ou duas objeções que eles apresentam.

Primeira objeção: Eles dizem que a oração foi feita para mostrar o bom afeto que tinham pelos falecidos, não que pensassem que os falecidos tinham necessidade da oração; mas a Escritura os contradiz com estas palavras: *ut a peccatis solvantur*.

Segunda objeção: Objetam que é um erro manifesto rezar pela ressurreição dos mortos antes do Juízo, porque isto é pressupor que as almas ressuscitam, e por conseguinte morrem, ou que os corpos não ressuscitam senão mediante as orações e boas obras dos vivos, o que iria contra o artigo *Credo resurrectionem mortuorum*; ora, que estes erros estão pressupostos nesta passagem dos Macabeus é evidente por estas palavras[97]: *nisi enim eos qui ceciderunt resurrecturos speraret, superfluum videretur et vanum pro defunctis orare.* Responde-se que nesta passagem eles não rezam pela ressurreição nem da alma nem do corpo, mas apenas pela libertação das almas; no que pressupunham a imortalidade da alma, porque, se tivessem acreditado que a alma morria com o corpo, não se teriam ocupado com sua libertação, e porque entre os judeus a crença na imortalidade da alma e a crença na ressurreição dos corpos estavam a tal ponto unidas que quem negava

---

97   2Mc 12,44.

uma negava a outra; e, para mostrar que acreditava na imortalidade da alma, Judas Macabeu diz que acreditava na ressurreição dos corpos. Assim também o Apóstolo prova a ressurreição dos corpos pela imortalidade da alma, embora se possa provar que a alma é imortal sem a ressurreição dos corpos: eis como ele o faz na Primeira Carta aos Coríntios 15[98]: *Quid mihi prodest si mortui non resurgunt? Comedamus et bibamus, cras enim moriemur.* Disto não se segue de modo algum que é necessário entregar-se dessa maneira, embora não houvesse ressurreição, porque a alma, que continuaria existindo, sofreria a pena devida aos pecados e receberia a recompensa das virtudes. Paulo, portanto, nesse lugar, entende a ressurreição dos mortos como a imortalidade da alma, porque naquele tempo quem acreditava numa acreditava na outra.

Não existe, portanto, motivo para rejeitar o testemunho dos Macabeus como prova de uma crença justa; e se, quando muito, queremos tomá-lo como testemunho de um simples, mas sério, historiador, o que ninguém pode nos recusar, pelo menos será necessário confessar que a sinagoga antiga acreditava num purgatório, porque todo aquele exército se encontrou tão disposto a rezar pelos falecidos.

---

98 1Cor 15,32.

E, na verdade, temos sinais desta devoção em outras passagens da Escritura, que nos devem facilitar a recepção do que acabamos de alegar. Em Tobias, cap. 4[99]: *Panem tuum et vinum tuum super sepulturam justi constitue, et noli ex eo manducare et bibere cum peccatoribus.* Certamente este pão e este vinho só eram postos sobre a sepultura para os pobres, a fim de que a alma do falecido fosse auxiliada, como dizem comumente os intérpretes sobre esta passagem. Pode ser que digam que este livro é apócrifo, mas toda a Antiguidade sempre lhe deu crédito; e, na verdade, o costume de pôr comida para os pobres nas sepulturas é muito antigo, mesmo na Igreja Católica, porque São Crisóstomo, que vivia há mais de 1.200 anos, fala da seguinte maneira na homilia 32[100] sobre o cap. 9 de São Mateus: *Cur post mortem tuorum pauperes convocas? Cur presbiteros ut pro eis orare velint obsecras?*

Mas o que pensar dos jejuns e austeridades que os antigos faziam após a morte dos seus amigos? Os de Jabes de Galaad, após a morte de Saul, jejuaram sete dias por ele; o mesmo fizeram Davi e os seus pela morte do mesmo Saul, e Jônatas e os de seu séquito, no primeiro livro de Samuel, último capítulo[101] e no segundo livro, cap.

---

99 Tb 4,17.

100 *Al.* XXXI, § 4.

101 1Sm 31,13.

1[102]: não se pode pensar que não foi para socorrer as almas dos falecidos, porque com que outro propósito pode-se relatar o jejum de sete dias? Também Davi, que no segundo livro de Samuel, cap. 12[103], jejuou e rezou por seu filho doente, depois de sua morte deixou de jejuar[104], mostrando que, quando jejuava, o fazia para obter ajuda para o enfermo, o qual, uma vez morto, por ter morrido criança e inocente, não precisava de ajuda, e por isso deixou de jejuar; assim o interpretou Beda[105] há mais de 700 anos, no fim do primeiro livro de Samuel. De maneira que na Igreja antiga já era costume, entre as pessoas santas, ajudar, mediante orações e santas obras, as almas dos falecidos, o que supõe claramente a fé num purgatório.

E é deste costume que fala explicitamente São Paulo na Primeira Carta aos Coríntios, cap. 15[106], alegando ser louvável e bom: *Quid facient* – diz ele – *qui baptizantur pro mortuis, si mortui non resurgunt? Ut quid et baptizantur pro illis?* Esta passagem, bem-entendida, mostra muito claramente o costume da Igreja primitiva de

---

102 2Sm 1,12.

103 2Sm 12,16.

104 2Sm 12,20.

105 In Samuel proph., livro IV, cap. X.

106 1Cor 15,29.

jejuar, rezar e velar pelas almas dos falecidos; porque em primeiro lugar, nas Escrituras, ser batizado é entendido muitas vezes como referente às aflições e penitências, como em São Lucas, cap. 12[107], falando de sua Paixão, Nosso Senhor disse: *Baptismo habeo baptizari, et quomodo coarctor donec perficiatur?* E Ele mesmo, em São Marcos, cap. 10[108]: *Potestis bibere calicem quem ego bibiturus sum, et baptismo quo ego baptizor baptizari?*, onde Nosso Senhor chama de Batismo suas penas e aflições. Eis, portanto, o sentido desta Escritura: se os mortos não ressuscitam, para que penar e afligir-se rezando e jejuando pelos mortos? E certamente esta sentença de São Paulo se assemelha à dos Macabeus acima citada: *Superfluum est et vanum orare pro mortuis, si mortui non resurgunt.* Distorçam e desfigurem este texto com tantas interpretações que quiserem, e não haverá nenhuma senão esta que se ajuste às Santas Letras. Também não é necessário dizer que o Batismo de que fala São Paulo é somente um Batismo de tristezas e de lágrimas, e não de jejuns, orações e outras obras, porque com esta interpretação sua conclusão estaria muito errada; pois com isto se quer chegar à conclusão de que, se os mortos não ressuscitam e se a alma é mortal, seria em vão afligir-se pelos mortos.

---

107 Lc 12,50.

108 Mc 10,38.

Mas eu vos pergunto: não haveria mais motivo para afligir-se com profunda tristeza pela morte dos amigos se eles não ressuscitassem, perdendo-se toda esperança de revê-los, do que se eles ressuscitassem? Ele entendia, portanto, as aflições voluntárias que alguém se impunha para impetrar o repouso dos falecidos, que sem dúvida seriam praticadas em vão se as almas fossem mortais, ou se os mortos não ressuscitassem. Quanto a isso é necessário recordar o que foi dito acima, ou seja, que o artigo da ressurreição dos mortos e o da imoralidade da alma estavam tão unidos na crença dos judeus que quem admitia um admitia também o outro, e que quem negava um negava também o outro. É evidente, portanto, por estas palavras de São Paulo, que a oração, o jejum e outras santas aflições se faziam louvavelmente pelos falecidos; ora, não era pelos do Paraíso, que não precisavam delas, nem pelos do inferno, que não podiam receber com elas nenhum proveito, mas pelos do purgatório: assim o expôs, há 1.200 anos, Santo Efrém em seu Testamento[109], e os Pais que disputaram contra os Petrobusianos.

Outro tanto se pode deduzir do que disse o bom ladrão, em São Lucas 23[110], quando, dirigindo-se a Nosso Senhor, ele lhe disse: *Memento mei dum veneris in regnum tuum*; pois, para

---

109 Post medium.

110 Lc 23,42.

que havia de recomendar-se, ele que ia morrer, se não tivesse acreditado que as almas após a morte podiam ser socorridas e ajudadas? Santo Agostinho, livro VI contra Juliano, cap. 5[111], prova por esta passagem que alguns pecados são perdoados no outro mundo.

Artigo VI: Alguns lugares da Escritura pelos quais se prova que alguns pecados podem ser perdoados no outro mundo

Existem alguns pecados que podem ser perdoados no outro mundo; e, não podendo ser nem no inferno nem no céu, deve ser, portanto, no purgatório. E que existem pecados que são perdoados no outro mundo, nós o provamos primeiramente com esta passagem de São Mateus, cap. 12[112], em que Nosso Senhor diz que há um pecado que não pode ser perdoado *nem neste século nem no outro*; portanto, existem pecados que podem ser perdoados no outro século, porque, se não houvesse pecados que podem ser perdoados no outro século, não seria necessário atribuir a uma categoria de pecado esta propriedade de não poder ser perdoado no outro século, mas bastava dizer que não podia ser perdoado neste mundo. Certamente, quando nosso Senhor disse a Pilatos: *Regnum meum non est de*

---

111 *Al.* 15.

112 Mt 12,32.

hoc saeculo, em São João 18[113], Pilatos chegou a esta conclusão: *Ergo Rex es tu?*[114], que foi considerada boa por Nosso Senhor, que consentiu; da mesma maneira, quando Ele diz que há um pecado que não pode ser perdoado no outro século, segue-se claramente, portanto, que há outros que podem ser perdoados. Eles (os adversários) quererão sustentar que estas palavras, *neque in hoc saeculo neque in alio*, não querem dizer outra coisa senão *in aeternum* ou *numquam*, como disse São Marcos, no cap. 3[115]: *non habet remissionem in aeternum*. Está certo, mas nossa razão não perde nada de sua firmeza por isso, porque ou Mateus exprimiu corretamente a intenção de Nosso Senhor ou não; ninguém ousará dizer que não e, se Mateus a expressou corretamente, segue-se sempre que há pecados que podem ser perdoados no outro século, porque Nosso Senhor disse que há um que não pode ser perdoado no outro século.

Mas dizei-me, por favor, se São Pedro tivesse dito em São João 13[116]: *Non lavabis mihi pedes in hoc saeculo nec in alio*, não teria falado zombeteiramente, já que no outro mundo não se pode

---

113 Jo 18,36.

114 Jo 18,37.

115 Mc 3,29.

116 Jo 13,8.

lavar os pés? Por isso disse *in aeternum*. Não se deve, portanto, crer que São Mateus tivesse expressado a intenção de Nosso Senhor com estas palavras – *neque in hoc saeculo neque in alio* – se no outro não pudesse haver remissão dos pecados; zombar-se-ia daquele que dissesse: não me casarei nem neste mundo nem no outro, como se acreditasse que no outro é possível se casar. Quem diz, portanto, que um pecado não pode ser perdoado nem neste século nem no outro pressupõe que pode haver remissão de alguns pecados neste mundo e também no outro. Sei muito bem que nossos adversários procuram, mediante diversas interpretações, aparar este golpe, mas o golpe está tão bem-aplicado que eles não podem esquivar-se dele; e, de fato, é muito melhor entender corretamente, de acordo com os Pais antigos e com toda a reverência possível, as palavras de Nosso Senhor, do que, para fundar uma nova doutrina, transformá-las em grosseiras e mal-ajeitadas. Santo Agostinho, livro 21 *de Civitate Dei*, cap. 24[117], São Gregório, livro IV dos seus *Diálogos*, cap. 39, Beda sobre o cap. 3 de São Marcos[118], São Bernardo, na homilia 66 sobre o Cântico dos Cânticos[119] e os que escreveram contra os Petrobusianos se serviram desta passagem

---

117 § 2.

118 Mc 3,29-30.

119 § 11.

segundo nossa intenção, com tanta segurança que São Bernado, para declarar esta verdade, não aduz outra, a tal ponto a leva em consideração.

Em São Mateus 5[120] e em São Lucas 12[121]: *Esto consentiens adversario tuo cito, dum es cum eo in via; ne forte tradat te adversarius judici, judex tortori, et mittaris in carcerem; amen, dico tibi, no exies inde donec reddas novissimum quadrantem.* Orígenes[122], São Cipriano[123], Santo Hilário[124], Santo Ambrósio[125], São Jerônimo[126] e Santo Agostino[127] dizem que *o caminho*, do qual se disse *dum es in via*, não é outro senão a passagem da vida presente. *O adversário* será nossa própria consciência, que combate sempre contra nós e por nós, ou seja, resiste sempre às nossas más inclinações e ao nosso velho Adão para nossa salvação, como expõem Santo Ambrósio[128], Beda[129],

---

120 Mt 5,25-26.

121 Lc 12,58-59.

122 Hom. XXXV in Lucam.

123 Ep. LII, § 20.

124 In locum Matt.

125 In locum Lucae.

126 In locum Matt.

127 Serm CIX, cap. III.

128 Ubi supra.

129 In locum Lucae.

Santo Agostinho[130], São Gregório[131] e São Bernardo[132], em diversos lugares. *O juiz* é sem dúvida Nosso Senhor, em São João 5[133]: *Pater omne judicium dedit Filio.* Igualmente *a prisão* é o inferno ou o lugar das penas do outro mundo, no qual, como numa grande masmorra, há muitas moradas, uma para os que foram condenados, que é como para os criminosos, e a outra para os que estão no purgatório, que é como para os detidos. *O quadrante*, do qual se diz: *non exies inde donec reddas novissimum quadrantem*, são os pecados leves ou resultantes de fraqueza, como o quadrante é a menor moeda que alguém pode dever.

Consideremos agora um pouco onde se deve fazer este pagamento do qual fala Nosso Senhor: *donec reddas novissimum quadrantem.* 1) Encontramos Pais muito antigos que disseram que esse lugar era o purgatório: Tertuliano, livro *De anima*, cap. 58; Cipriano, livro *epistolarum*, 2[134]; Orígenes, na homilia 35, sobre este lugar[135]; Eusébio de Emesa, na homilia 3 da

---

130 Ubi supra.

131 Hom. XXXIX in Evang., § 5.

132 In Cant., LXXXV.

133 Jo 5,22.

134 *Al.* Ep. LII, § 20.

135 In locum Lucae.

Epifania[136]; Santo Ambrósio, sobre o cap. 12 de São Lucas[137]; São Jerônimo, sobre o cap. 5 de São Mateus; São Bernardo, *sermone de obitu Humberti*[138]. – 2) Quando se diz: *donec solvas ultimum quadrantem*, não se supõe que se possa pagá-lo e que se possa diminuir a dívida até restar apenas o último vintém? E que, quando se diz no Salmo[139]: *Sede a dextris meis donec ponam inimicos tuos* etc., segue-se corretamente: *ergo aliquando ponet inimicos scabellum pedum*; assim, ao dizer *non exies inde donec reddas*, ele mostra que *aliquando reddet vel reddere potest.* – 3) Quem não vê que, em São Lucas 12, a comparação é tirada não de um homicida, ou de qualquer criminoso que não pode ter esperança de sua salvação, mas de um devedor que é posto na prisão até o pagamento, e que, quando o pagamento for feito, recuperará imediatamente a liberdade? Eis, portanto, a intenção de Nosso Senhor: que, enquanto nos encontramos neste mundo, procuremos pela penitência e seus frutos, de acordo com a facul-

---

136 Ita apud Bellarminum, *Controv. De Purgat.*, livro I, cap. VII. Hodie convenit inter omnes, collectionem homiliarum olim Eusebio Emisseno sive Emeseno adscriptam, ex operibus Brunonis Astiensis aliorumque latinorum recentiorum confectam fuisse.

137 In v. 58-59.

138 § 8.

139 Sl. 110,1.

dade que temos pelo sangue do Redentor, pagar a pena a que somos obrigados pelos nossos pecados; porque, se esperamos a morte, não teremos tanta facilidade de fazê-lo no purgatório, onde seremos tratados com rigor.

Tudo isso parece ter sido dito pelo mesmo Nosso Senhor em São Mateus 5[140], quando diz: *qui irascitur fratri suo, reus erit judicio; qui dixerit fratri suo raca, reus erit concilio; qui dixerit fatue, reus erit gehenae ignis*. Aqui se trata da pena que se deve receber pelo juízo de Deus, como é evidente pelas palavras *reus erit gehennae ignis*. E, no entanto, não há senão a terceira categoria de ofensas que seja punida com o inferno; portanto, no juízo de Deus, depois desta vida, existem outras penas que não são eternas nem infernais: são as penas do purgatório. Talvez se dirá que estas penas serão sofridas neste mundo, mas Santo Agostinho[141] e os outros Pais o entendem como referente ao outro mundo; e, por fim, não pode acontecer que um homem morra após a primeira ou a segunda ofensa de que aqui se trata? Onde pagará ele as penas devidas por sua ofensa? Ou, se quereis que não as pague, que lugar lhe dareis após sua retirada deste mundo? Não o enviareis ao inferno, a menos que queirais aumentar a sen-

---

140 Mt 5,22.

141 De serm. Dom. in monte, livro I, cap. IX.

tença de Nosso Senhor, que não envia o inferno como pena senão aos autores da terceira ofensa; não deveis alojá-lo no Paraíso, porque a natureza deste lugar celeste rejeita todo tipo de imperfeição. Não alegueis aqui a misericórdia do Juiz, porque ele declara neste lugar que quer empregar a justiça; fazei, portanto, como os antigos Pais e dizei que existe um lugar onde essas faltas serão purgadas e depois as almas assim purificadas subirão ao Paraíso.

Em São Lucas, no cap. 16[142], está escrito: *Facite vobis amicos de mammona iniquitatis, ut cum defeceritis, recipiant vos in aeterna tabernacula. Desfalecer*, que outra coisa é senão morrer? E *os amigos*, que outros podem ser senão os santos? Assim o entendem todos os intérpretes; disso seguem-se duas coisas: que os santos podem ajudar os homens falecidos e que os falecidos podem ser ajudados pelos santos; pois em que outro sentido pode-se entender estas palavras: *facite amicos qui recipiant*? Não se pode entendê-las como referentes à esmola, porque, embora seja boa e santa, a esmola não nos adquire amigos que nos possam receber nos *tabernáculos eternos*, como quando é dada a pessoas más com santa e correta intenção. Assim está exposta esta passagem por Santo Ambrósio[143] e por Santo Agostinho, livro XXI da

---

142 Lc 16,9.

143 In locum.

Cidade de Deus, cap. 27[144]; mas a parábola utilizada por Nosso Senhor é demasiado clara para levar-nos a duvidar desta interpretação, porque a analogia é tomada de um ecônomo que, sendo demitido de seu ofício e vendo-se empobrecido, pedia socorro aos amigos, e Nosso Senhor equipara a demissão à morte, e a ajuda pedida aos amigos à ajuda que se recebe, após a morte, daqueles a quem foi dada a esmola; esta ajuda não pode ser recebida por aqueles que estão no Paraíso ou no inferno; é, portanto, para aqueles que estão no purgatório.

Artigo VII

---

144 § 5.

Alguns outros lugares dos quais por diversidade de consequências se deduz a verdade do purgatório

São Paulo aos Filipenses 2[145] diz estas palavras: *Ut in nomine Jesu omne genu flectatur caelestium, terrestrium e infernorum.* No céu encontramos bastantes joelhos que se dobram ao nome do Redentor, na terra encontramos muitos na Igreja militante; mas no inferno, onde é que os encontraremos? Davi desconfia de encontrar ali algum quando diz no Salmo 6[146]: *In inferno autem quis confitebitur tibi?* E Ezequias, em Isaías 38[147]: *Quia non infernus confitebitur tibi.* O que deve ser relacionado com o que Davi diz em outro lugar[148]: *Peccatori autem dixit Deus: quare tu enarras justitias meas et assumis testamentum meum per os tuum?* E se Deus não quer receber louvor do pecador obstinado, como é que permitiria que estes miseráveis condenados empreen-

---

145 Fl 2,10.

146 Sl 6,6.

147 Is 38,18.

148 Sl 50,16.

dam este santo ofício? Santo Agostinho dá muita importância a esta passagem para este propósito, no livro XII do Gênesis, cap. 33. Existe uma passagem semelhante no Apocalipse 5[149]: *Quis dignus est aperire librum et solvere septem signacula ejus? Et nemo inventus est, neque in caelo, neque in terra, neque subtus terram.* E mais adiante no mesmo capítulo[150]: *Et omnem creaturam, quae in caelo est, et super terram, et sub terra, omnes audivi dicentes: Sedenti in throno et Agno: benedictio, et honor, et gloria, et potestas in saecula saeculorum; et quattuor animalia dicebant: Amen.* Não constitui isto uma Igreja na qual Deus é louvado sob a terra? E que outra pode ser senão a do purgatório?

Artigo VIII

---

149 Ap 5,2-3.

150 Ap 5,13-14.

Os concílios que receberam o purgatório como artigo de fé

Aério, como dissemos acima[151], começou a pregar contra os católicos, dizendo que as orações que faziam pelos mortos eram supersticiosas; existem também em nosso tempo sectários que dizem a mesma coisa. Nosso Senhor nos dá em seu Evangelho[152] a norma que diz como devemos nos comportar em semelhantes ocasiões: *Si peccaverit in te frater tuus*, etc., *dic Ecclesiae; si quis Ecclesiam non audiverit, sit tibi tanquam ethnicus et publicanus.* Ouçamos, portanto, o que diz a Igreja a este respeito: na África, no Concílio de Cartago III[153], can. 29 e no IV, can. 79; na Espanha, no Concílio Bracarense[154], can. 34 e 39[155]; na França, no Concílio de Chalon[156], como é referido em *De*

---

151 Artigo II.

152 Mt 18,15-17.

153 Concil., an. 397.

154 Anno 561.

155 *Al.* 38.

156 Cabillonen. II, can. XXXIX; anno 813.

Consec.[157], dist. 1, can. *Visum est,* no Concílio de Orleans II, can. 14[158]; na Alemanha, no Concílio de Worms[159], can. 80; na Itália, no Concílio VI sob Símaco[160]; na Grécia, como se pode ver nos sínodos recolhidos por Martinho Bracarense[161], can. 69; e por todos estes concílios vereis que a Igreja considera autêntica a oração pelos falecidos e, por conseguinte, o purgatório. E, em seguida, o que havia definido por partes, ela o definiu em seu corpo geral, no Concílio do Latrão sob Inocêncio III, can. 66; no Concílio de Florença, onde se encontraram todas as nações, última sessão; e finalmente no Concílio de Trento, sessão 25[162].

Mas que resolução mais santa da Igreja poderíamos ter do que aquela que consta em todas as suas missas? Olhai as liturgias de São Tiago, São Basílio, São Crisóstomo, Santo Ambrósio, das quais se servem ainda hoje todos os cristãos orientais, e nelas vereis a comemoração pelos mortos como se vê na nossa com pouca

---

157 Corp. Juris Can., Decreti III³ Pars.

158 *Al.* 15; na. 533.

159 Anno 868.

160 Anno 504.

161 *Capitula collecta a Martino, Episcopo Bracarensi*: Concilia, anno 575.

162 Initio.

diferença. O que dizer? Se Pedro Mártir, um dos doutos que seguira o partido contrário, sobre o cap. 3 da Primeira Carta aos Coríntios[163], confessa que toda a Igreja seguiu esta opinião, não tenho mais nada a fazer do que entreter-me sobre esta prova. Ele diz que a Igreja errou e falhou. Mas quem acreditaria nisso? *Quis es tu qui judicas Ecclesiam Dei?*[164] *Si quis Ecclesiam non audiverit, sit tibi tanqam ethnicus et publicanus*[165]. *Ecclesia est firmamentum et columna veritatis*[166], *et portae inferi non praevalebunt adversus eam*[167]. *Si sal evanuerit, in quo salietur*[168]? *Si Ecclesia erraverit, a quo corripietur? Si Eclclesia, fida custos veritatis, veritatem amiserit, veritas a quo reperietur? Si Christus Ecclesiam abjecerit, quem recipiet? Qui neminem nisi per Ecclesiam admittit.* E se a Igreja pode errar, também vós, Pedro Mártir, não podeis errar? Sem dúvida. Portanto, acreditarei de preferência que vós errastes e não a Igreja.

Artigo IX

---

163   Disquisitio in Purgat., ad vv. 14-15.

164   Cf. Rm 14,4.

165   Mt 18,17.

166   1Tm 3,15.

167   Mt 16,18.

168   Mt 5,13.

Os antigos Pais

É um espetáculo belo e cheio de consolo ver a bela relação que a Igreja presente tem com a antiga, particularmente na crença: digamos o que ela faz a nosso propósito acerca do purgatório. Todos os antigos Pais o acreditaram e atestaram o que era a fé apostólica. Eis os autores que podemos citar: entre os discípulos dos apóstolos, São Clemente e São Dionísio; depois Santo Atanásio, São Basílio, São Gregório Nazianzeno, Efrém, Cirilo, Epifânio, Crisóstomo, Gregório de Nissa, Tertuliano, Cipriano, Ambrósio, Jerônimo, Agostinho, Orígenes, Boécio, Hilário, ou seja, toda a Antiguidade, mesmo anterior a 1.200 anos em que todos estes Pais viveram, e cujos testemunhos ter-me-ia sido fácil apresentar, pois foram recolhidos exatamente nos livros de nossos católicos. No livro de Canísio, em seu *Catecismo*[169]; de Sandero, *De visibili Monarchia*[170]; De Genebrardo, em sua *Chronologia*[171]; de Belarmino, em sua *Controvér-*

---

169 De Sacram., cap. IX de Poenit.

170 Lib. VII.

171 Libris III, IV, ad calcem cujusque saeculi.

sia do purgatório[172]; de Stapleton, em seu *Prontuário*[173]; mas, sobretudo, quem quiser ver minuciosa e fielmente citadas as passagens dos antigos Pais, tome nas mãos a obra de Canísio revista por Busaeus. Mas, na verdade, Calvino nos livra deste trabalho no livro III de suas *Institutiones*, cap. 5 § 10, onde diz assim: *Ante 1300 annos usu receptum fuit ut precationes fierent pro defunctis*, e depois acrescenta: *Sed omnes, fateor, in errorem abrepti fuerunt*. Nós, portanto, só precisamos procurar o nome e o lugar dos antigos Pais para provar o purgatório, já que, para saldar sua conta, Calvino os reduz a zero. Qual a probabilidade de que um só Calvino seja infalível e toda a Antiguidade se tenha equivocado? Diz-se que os antigos Pais acreditaram no purgatório para se acomodar ao vulgo. Bela desculpa! Não cabia aos Pais afastar o povo do erro se o vissem cair nele, e não manter o erro e condescender com ele? Essa desculpa, portanto, só serve para acusar os antigos. Mas como é que os Pais não acreditaram no purgatório com conhecimento de causa, já que Aério, como mencionei acima[174], foi considerado herege porque o negava? É lamentável ver a audácia com que Calvino[175] trata Santo Agosti-

---

172 Lib. I, cap. X.

173 Prompt. Cathol., in commem. omn. Fidel. defunct.

174 Artigo II.

175 Loco quo supra.

nho por ter rezado e pedido que rezassem por sua mãe, Santa Mônica, e como único pretexto aduz que Santo Agostinho, livro XXI *Civit.*, cap. 26, parece duvidar do fogo do purgatório. Mas isto nada tem a ver com nosso propósito, porque é verdade que Santo Agostinho diz que se pode duvidar do fogo e da qualidade dele, mas não do purgatório; portanto, seja que a purificação se faça por fogo ou de outra maneira, seja que o fogo tenha ou não as mesmas qualidades que o do inferno, o certo é que não deixa de haver uma purificação e um purgatório. Portanto, ele não põe em dúvida o purgatório, mas a qualidade deste. E isso não o negarão os que virem como ele fala nos caps. 16 e 24 do mesmo livro e no livro *De cura preo mortuis agenda* e em mil outros lugares. Vede, portanto, como estamos no caminho dos santos e antigos Pais no tocante a este artigo do purgatório.

Artigo X

Duas razões principais e o testemunho dos estranhos acerca do purgatório

Eis duas razões irrefutáveis a favor do purgatório: a primeira é que existem pecados leves, se comparados com os outros, e que não tornam o homem culpado do inferno; se, portanto, o homem morre com estes pecados, o que será dele? O Paraíso não recebe nada que seja impuro (Apocalipse 21[176]); o inferno é uma pena demasiado exagerada, não corresponde ao seu pecado; é preciso, portanto, confessar que ele se deterá num purgatório, até que, depois de bem purificado, entre no céu. E que existem pecados que não tornam o homem réu do inferno, Nosso Senhor o diz em São Mateus 5[177]: *Qui irascitur fratri suo, reus erit judicio; qui dixerit fratri suo raca, reus erit concilio; qui dixerit fatue, reus erit*

---

176 Ap 21,27.

177 Mt 5,22.

gehenae ignis. O que é – pergunto-vos – ser *réu da geena do fogo*, senão ser réu do inferno? Ora, esta pena só é aplicada aos que chamam seu irmão de *fatue*; os que ficam com raiva e os que manifestam sua raiva por palavras não injuriosas e difamatórias não entram na mesma categoria: um merece o juízo, ou seja, que sua raiva seja sujeita a julgamento como a palavra ociosa (Mateus 12[178]), da qual Nosso Senhor diz que os homens *reddent rationem in die judicii*, a saber, precisam prestar contas; o outro merece o Conselho, ou seja, merece que se delibere se será condenado ou não (pois Nosso Senhor se acomoda ao modo de falar dos homens); só o terceiro é que sem dúvida será infalivelmente condenado. Portanto, o primeiro e o segundo são pecados que não tornam o homem réu de morte eterna, mas de um castigo temporário; e, portanto, se o homem morre com estes pecados, por acidente ou de outra maneira, é preciso que sofra o juízo de uma pena temporária, mediante a qual, tendo sua alma purificada, ele subirá ao céu com os bem-aventurados. Destes pecados fala o Sábio (Provérbios 24[179]): *Septies in die cadit justus*. Mas o justo, enquanto é justo, não pode pecar com pecado que merece a condenação: entende-se, portanto, que ele cai em pecados que não merecem a condenação, que

---

178   Mt 12,36.

179   Pr 24,16.

os católicos denominam veniais, os quais podem ser purificados no outro mundo, no purgatório.

A segunda razão é que, após o perdão do pecado, permanece em parte a pena a ele devida, como, por exemplo, no segundo livro de Samuel 12[180], o pecado foi perdoado a Davi, dizendo-lhe o profeta: *Deus quoque transtulit peccatum tuum, sed, quia blasphemare fecisti inimicos nomen Domini, filius tuus morte morietur*[181].

---

180   2Sm 12,13-14.

181   Esse artigo ficou inacabado; aqui termina tudo o que se pôde encontrar do Autógrafo.

Conecte-se conosco:

f facebook.com/editoravozes

◯ @editoravozes

𝕏 @editora_vozes

▶ youtube.com/editoravozes

◯ +55 24 2233-9033

www.vozes.com.br

Conheça nossas lojas:

www.livrariavozes.com.br

Belo Horizonte – Brasília – Campinas – Cuiabá – Curitiba
Fortaleza – Juiz de Fora – Petrópolis – Recife – São Paulo

EDITORA VOZES LTDA.
Rua Frei Luís, 100 – Centro – Cep 25689-900 – Petrópolis, RJ
Tel.: (24) 2233-9000 – E-mail: vendas@vozes.com.br